AF233771

LA LOI

DU

DIVORCE

Conséquences pratiques

LE DIVORCE

Une remarque importante qu'il est facile de faire et qui vient frapper tout d'abord l'esprit de tout homme qui réfléchit et qui remonte à l'origine des choses, c'est que la loi antichrétienne et anti-française du divorce, est une loi essentiellement juive. Oui, ce n'est là qu'une des parties du programme de cette législation néfaste qui tend, en fin de compte, à déchristianiser la France, pour la mieux ruiner ensuite et la mettre définitivement sous le joug d'Israël. La main du juif est là: n'allons pas chercher ailleurs la cause et l'origine de toutes ces lois qui sont venues successivement chasser de partout le prêtre et avec lui l'enseignement chrétien, la vie surnaturelle et chrétienne. Avant d'être apportées et discutées à la tribune, ces lois de *laïcisation*, qui veulent nous faire une société exclusivement laïque, c'est-à-dire antichrétienne, ont été préalablement élaborées et décidées dans les loges franc-maçonniques dirigées et présidées, comme on le sait, par les Juifs. Voilà ce dont nous voudrions voir le public absolument convaincu. Cette législation n'était nullement réclamée par le peuple français: elle n'entre pas dans son caractère et dans son tempérament. Le divorce, dit avec raison, Mr Drumont, le *«Guittin»* est une idée absolument juive. Un seul orateur catholique a osé le déclarer à la tribune française: c'est Mgr Freppel, lorsque, dans la séance du 19 Juillet 1884, il s'est écrié: « Le mouvement qui va aboutir à la loi du divorce, est, dans le véritable sens des mots, un mouvement sémitique, un mouvement qui a commencé à Mr Crémieux, pour finir à Mr Naquet.» Il a dit à cette gauche déshonorée: «Allez, si vous le voulez, du côté d'Israël, allez vers les Juifs! nous restons, nous, du côté de l'Eglise et de la France.»N'est-ce pas en effet ce député-chimiste, ce juif à la fois législateur et faiseur d'affaires, qui s'est constitué lui-même l'apôtre du divorce, et s'est fait conférencier pour en propager et en populariser l'idée, n'est-ce pas, en effet l'ancien rabbin de Bruxelles, Astruc, qui rédigea les dispositions de la loi et les dicta en quelque sorte à la chambre des députés? «La commission du divorce, écrit à ce sujet Naquet à Astruc, a accepté votre amendement. »Voilà quelle est l'action de cette race, qui, non satisfaite de se faire une place prépondérante dans une société qu'elle n'a pas créée, veut en modifier toutes les coutumes et toutes les lois à son point de vue personnel. Nous tenions, avant de commencer notre présent travail sur le divorce, à constater et à signaler à nos lecteurs l'origine et l'esprit de cette loi, pour mieux lui en inspirer l'horreur. N'eut-elle que cela à son actif que nous devrions déjà nous en défier, la suspecter à bon droit et nous tenir en garde contre elle. Mais nous avons à établir toute l'iniquité de cette loi, en montrant d'abord combien le divorce est contraire à la fois au droit naturel lui-même, au droit divin et au droit de l'Eglise, ensuite quelles en sont les déplorables et funestes conséquences pour l'individu, la famille, la société tout entière. Il importe donc avant tout de bien établir la nature du lien matrimonial, l'essence en un mot du mariage pour montrer que le divorce est moralement impossible, et que cette loi est nulle radicalement et de plein droit. Car tout ce qui est légal n'est pas juste, mais au contraire souverainement injuste, quand cette prétendue légalité n'est pas conforme au triple droit que nous venons de citer. Après cela, mettant notre lecteur en présence de cette loi et de la conscience chrétienne, nous dirons ce qui nous paraît être le devoir des demandeurs, des juges, des avoués, des avocats et des maires dans cette question du divorce; et enfin nous leur dirons: Le divorce, chez les nations chrétiennes, n'a jamais été érigé en loi qu'aux époques de révolte et de décrépitude. Il n'est au fond qu'un concubinage légal; qu'une concession honteuse faite à la volupté, aux dépens du devoir. Il est une source continuelle de divisions entre les époux, les familles et les enfants, et l'histoire démontre que la population décroit en raison de la facilité des répudiations. Une loi autorisant le divorce, sans une vive opposition et sans des réclamations ardentes de la part de la nation est un des symptômes les plus effrayants de sa dégradation et l'un des signes les plus manifestes de sa décadence. Et nous terminerons comme nous avons commencé en disant avec notre éminent prélat, aux partisans et aux défenseurs du divorce: Voulez-vous faire, vous catholiques, d'accord avec les impies et les libres-penseurs, voulez-vous faire les affaires des Juifs et concourir à la double ruine physique et morale du pays; libre à vous: allez, si vous le voulez, du côté d'Israël, allez vers les juifs; nous resterons, nous, du côté de l'Eglise et de la France!

Le Divorce et le Droit naturel

Et d'abord, qu'est-ce que le divorce ? Le divorce qui fait l'objet de la récente loi et que nous venons ici combattre, n'est pas la simple séparation de corps et même de biens; c'est la dissolution ou la rupture complète du lien matrimonial, de telle sorte que les divorcés conjoints peuvent contracter un autre mariage sans pouvoir revenir à leur première union. Il est impossible de se méprendre sur le sens de la loi et la nature de la sentence du divorce. L'article 295 est ainsi conçu: « Les époux divorcés ne pourront plus se réunir, si l'un ou l'autre a, postérieurement au divorce, contracté un nouveau mariage, suivi d'un second divorce. Au cas de réunion des époux, une nouvelle célébration du mariage sera nécessaire. » La dissolution est donc regardée par la loi comme complète et définitive, et absolument irrévocable. Eh bien, c'est cette rupture complète, c'est le divorce ainsi entendu que nous déclarons absolument injuste, radicalement nul, comme étant contraire au droit naturel. Aucune loi humaine ne pouvant être juste et valable qu'autant qu'elle n'est pas contraire à ce droit primordiale, base de toute loi positive, il s'ensuit que la loi récente du divorce ne saurait avoir aucune vertu et doit être en conscience considérée comme non avenue. Les deux propriétés essentielles du lien conjugal sont l'unité simultanée et l'indissolubilité. Sans doute la dissolubilité du mariage n'est pas contraire aux premiers principes, puisque Dieu l'a permise aux Juifs sous la loi mosaïque, mais elle est certainement en opposition avec les principes secondaires de la loi naturelle, car si le divorce ne rend pas tout-à-fait impossible les fins premières et principales du mariage, il gêne et empêche les fins secondaires, l'entretien et l'éducation des enfants sont compromis : l'amour mutuel des époux est resserré; l'infidélité se trouve encouragée: le mariage tourne en débauche; la paix des familles est exposée aux troubles les plus violents; la femme tend à devenir un instrument de plaisir que l'homme rejette ensuite lorsqu'il n'en a plus besoin et qu'il n'en veut plus. Alors le mariage se trouve livré à tous les caprices des passions. Les familles se dissolvent dans la fange. L'immoralité la plus effrénée envahit la vie privée et la vie publique. L'ordre social est ébranlé jusque dans ses dernières profondeurs et le monde va aux abîmes.

Quel est, au reste, le premier but du mariage? La procréation des enfants, la fondation d'une famille. Or, à qui appartient-il de régler ces choses! au Créateur, à Dieu seul. L'État n'existe qu'après la famille et ne peut rien sur sa constitution essentielle. Pourquoi les familles se constituent-elles en état? c'est pour être protégées et non violentées, pour que leurs droits soient sauve-gardés et non méconnus ou persécutés. Mais la vraie notion de l'État semble perdu depuis que la Révolution en a fait un Dieu.

L'État doit respecter la nature des choses, or le lien conjugal est de sa nature indissoluble, cette donation réciproque des époux est perpétuelle. Ce contrat spirituel et sacré ne ressemble pas aux autres contrats il exige la perpétuité. Quand on se donne mutuellement, non pas une propriété matérielle quelconque, mais son corps, son cœur, son âme, sa vie, ce ne peut être pour un jour.

Le divorce, en effet, dit avec raison l'éminent évêque de Versailles, est contraire à la fin principale du mariage qui est d'unir étroitement les époux. Car on n'est jamais bien solidement uni à ce qu'on peut abandonner, et l'amour, pour être profond et sincère, a besoin de temps et de sécurité: Le divorce a pour second effet, dit-il, de détruire la famille, car il peut donner lieu aux séparations les plus inattendues, les plus douloureuses, et ne laisse aucune certitude d'avenir. Si quelqu'un des époux le médite, la paix du foyer n'existe plus; s'il est prononcé, l'unité de la famille est atteinte et les enfants sont menacés d'être partagés et attribués comme on ferait dans une vente d'esclaves, au mépris de leurs répugnances et de leurs affections. Enfin, ajoute le même prélat, le divorce détruit entièrement l'égalité que la loi du Créateur avait voulu établir par le mariage entre les sexes, et supprime les compensations qu'il y avait ménagées au plus faible. La femme n'apportera jamais dans une nouvelle union tous les avantages qu'elle avait apportés dans la première, d'autant moins que quelques-uns des plus recherchés sont fragiles de leur nature, et qu'il suffit du temps pour les faire disparaître à jamais. Elle sera donc exposée même quand elle sera vieillie, usée par la pratique de ses devoirs maternels, à être délaissée, comme un objet passé de mode, à voir une rivale, quelquefois même une créature avilie et coupable, posséder le cœur de son mari, la remplacer dans la direction de ses propres enfants. Et cela serait le progrès, et nous devrions trouver dans cet abus de la force un plus complet épanouissement de la justice et de la vérité ? Non ; des législateurs, rebelles à l'autorité suprême de Jésus-Christ pourront bien inscrire la faculté du divorce dans nos codes; ils n'en feront jamais l'expression de l'équité et du droit naturel. D'accord avec la sentence du divin Maître, la loi éternelle et le cœur des mères protesteront toujours ! »

C'est qu'en effet ces paroles : l'homme quittera son père et sa mère pour s'attacher à son épouse et ils seront deux dans une même chair, expriment un sens absolu, dit le P. Baudier. L'homme se sépare du principe qui lui a donné la vie, il s'attache à une femme pour former avec elle un autre principe de vie, il s'y attache de telle sorte qu'il ne pourra plus revenir à l'état de sa liberté première. L'homme et la femme ont unis en une seul chair, une chair vivante qui ne peut être dissoute que par la mort. L'un des époux ne peut se séparer de l'autre par sa volonté Il n'est que partie d'un seul corps, d'une seule chair, et, pour ainsi dire, d'une seule substance totale et comme personnelle. Il n'est plus son maître. Les deux époux ne peuvent se séparer d'un commun accord, car ils ne sont pas unis seulement par le fait de leur consentement mutuel, mais encore pas l'action spéciale de Dieu. Ils ne peuvent, par l'acte de leur seule volonté, rompre l'unité de chair que Dieu a constituée, pas plus que l'âme unie physiquement au corps, ne peut s'en séparer par

cela seul qu'elle le veut. Le mariage par son essence est tellement indissoluble qu'il ne peut être dissous par aucune puissance purement
humaine, car aucune puissance humaine n'a d'autorité ni sur le corps
des époux, ni sur les enfants nés ou à naître, ni sur l'unité de chair formée
par le lien conjugal. Le mariage a été institué indissoluble en vertu de
l'ordre essentiel, et l'ordre essentiel exige que l'homme et la femme soient
unis en un seul et unique principe de la génération de l'enfant et que ce
principe soit perpétuel. Le mariage unit l'homme et la femme en une
seule chair par la chair de l'enfant. Les époux doivent s'attacher l'un à
l'autre et s'aimer comme leur propre chair : ils doivent vouloir toujours
rester unis l'un à l'autre. Dieu, en instituant le mariage, a nécessairement
voulu qu'ils eussent cette volonté quientraîne l'indissolubilité. Si donc le
mariage est indissoluble en vertu de l'ordre essentiel, l'indissolubilité est
de droit naturel, le divorce est contraire à ce droit et par conséquent,
mauvais en lui-même et intrinsèquement, et quoi que l'on fasse, on ne
détruira pas dans le droit cette belle et vraie définition du mariage :
«Divini humanique juris communicatio, consortium omnis vitæ, *individua
vitæ consuetudo :* » ni cette autre du maître des Sentences, Pierre Lombard :
« *Viri mulierisque conjunctio maritalis inter legitimas personas, indivi-
duam societatem retinens :* » c'est-à-dire la participation commune au
même droit divin et humain : union de toute la vie dans le même sort ;
état et coutume de deux vies qui n'en font plus qu'une.

Ce lien est d'autant mieux à l'abri de toute saisie humaine que les
volontés conjointes de l'homme et de la femme ne sont pas seules à la
former, et que, après avoir concouru à sa formation, elles ne peuvent
pas le rompre. L'État, dit un auteur, pourra légiférer sur les conven-
tions qui intéressent les rapports des citoyens entre eux, des familles
entre elles, la paix et le bon ordre extérieurs, c'est son droit et son devoir
mais le contrat matrimonial, résultat d'un consentement libre et mutuel
de deux personnes se donnant l'une à l'autre, forme un lien qui ne dé-
pend d'aucun pouvoir humain ; au seul point de vue du droit naturel, le
mariage échappe à la juridiction du pouvoir civil, et en dehors même
du culte catholique, le mariage est indissoluble. Aussi la proposition
suivante est-elle condamnée : « de droit naturel, le lien du mariage
n'est pas indissoluble, et dans divers cas le divorce proprement dit peut

être sanctionné par l'autorité civile » La contradictoire est donc vraie.

De ce qu'il est démontré que le divorce est contraire au droit naturel, il semblerait que cela suffit pour le considérer comme nul et criminel, mais nous avons là-dessus des ordres positifs et formels de Dieu et de Jésus-Christ, et par conséquent il nous faut les rappeler au lecteur pour lui montrer que ce même divorce est également contraire au droit divin.

C'est la conclusion de St-Thomas : « Puisque la loi naturelle, dit-il, a déterminé les fins du mariage de telle sorte que l'éducation des enfants se perpétue, qu'ils soient institués les héritiers de leurs parents, le même droit s'oppose justement à ce que le mari et l'épouse puissent se séparer. Puisque les enfants sont le bien commun du mari et de l'épouse, la loi naturelle enseigne que leur société doit perpétuellement subsister sans se rompre; et dès lors, l'indissolubilité est de droit naturel.

Le Divorce et le Droit divin

'EST Dieu lui-même qui est l'auteur du mariage. C'est ce que la Genèse nous révèle dès son début. Et Dieu dit: «Il n'est pas bon que l'homme soit seul, faisons-lui un aide qui lui soit semblable.» Il forma alors la femme d'une côte d'Adam, il l'amena à Adam, et celui-ci dit: « Voici maintenant l'os de mes os et la chair de ma chair. C'est pourquoi l'homme quittera son père et sa mère et il s'attachera à sa femme et ils seront deux dans une seule chaire ». Voilà donc le mariage tel que Dieu lui-même l'a fait. Or, qui peut aller contre l'ordre et la volonté de Dieu ? Loin d'être purement civile, le caractère du mariage est donc essentiellement religeux, et l'intervention spéciale de Dieu donne au lien conjugal un caractère sacré, que tous les peuples ont reconnu, et le soustrait à la juridiction d'un pouvoir purement humain. Elle le soustrait même au caprice des époux. Puisque en effet, ces deux volontés humaines ne s'unissent qu'avec une permission spéciale de Dieu et en acceptant des conditions qu'il impose; pour briser ce lien, résultant du consentement mutuel des époux et de l'intervention divine; pour rompre ce contrat, il ne saurait suffire d'une rétractation mutuelle de ces mêmes époux, il faudrait une permission que Dieu n'a accordée qu'une fois et pour un temps au peuple Juif Dieu lui-même ayant fixé les droits et les devoirs de l'état coujugal, personne, ni l'État, ni les époux eux-mêmes, ne peut s'opposer à l'exécution des volontés divines, et selon la remarque judicieuse d'un écrivain à cet égard, après un contrat de cette nature, à moins d'une permission spéciale de Dieu, essayer la rupture, n'est-ce pas un vol et une injustice d'autant plus grave que la convention était plus solennelle et son objet plus sacré? Et autoriser cette rupture, n'est-ce pas faire un acte entaché de rupture et de nullité ? Mais, depuis Jésus-Christ le caractère du mariage est plus sacré encore. Jésus-Christ en effet promulgue une législation nouvelle qui perfectionne la loi ancienne. Il ramène le mariage à son institution primitive et le déclare désormais indissoluble. Il retire la permission accordée autrefois aux juifs. Aux pharisiens qui lui demandent s'il est permis à l'homme de répudier sa femme, il répondit: « N'avez-vous point lu qu'au jour où Dieu créa le genre humain, il fit l'homme et la femme et qu'il dit: à cause de cela l'homme quittera son père et sa mère et il s'attachera à son épouse et ils seront deux en une seule chair. Et Jésus Christ conclut: « Donc ce que Dieu a uni, que l'homme ne le sépare point! » Est-ce clair?

Mais alors ajoutent-ils, pourquoi Moïse nous a-t-il autorisés à donner le libelle du divorce? C'est, dit Jésus Christ, à cause de la dureté de votre cœur que Moïse vous l'a permis; mais il n'en fut point ainsi à l'origine. Pour moi, je vous dis : quiconque renvoie sa femme pour une autre cause que celle d'adultère et en épouse une autre, commet un adultère; et celui qui épouse une femme renvoyée commet un adultère. » D'où il suit que les Juifs pouvaient renvoyer leur femme pour cause d'adultère, mais non en épouser une autre, tant que les lettres de répudiation n'avaient pas été remises à la femme renvoyée et Jésus Christ déclare que quiconque épouse une femme renvoyée par la simple séparation, quiconque renvoie sa femme et en prend une autre, commet l'adultère.

Et N. S. J. C. tient le même langage à ses apôtres: « quiconque, leur dit-il, renverra sa femme et en épousera une autre, sera coupable d'adultère; celui qui épouse une femme répudiée par son mari est adultère; et la femme qui, abandonnant son mari, en épouse un autre, est adultère. » Donc il regarde cette répudiation et le mariage qui en est la suite comme nul et coupable: donc il regarde la première union comme indissoluble. Telle est la volonté formelle du divin Législateur.

Donc, de droit divin, le mariage est indissoluble et par conséquent le divorce est nul et criminel. Comment après cela, en présence de ces paroles formelles l'Église qui doit maintenir les droits de Dieu, les droits de Jésus Christ pourrait-elle permettre le divorce? Comment des chrétiens pourraient-ils bénéficier de cette loi civile du divorce?

Mais ce n'est pas tout; Jésus-Christ ne se contente pas de ramener le mariage à son institution primitive; il fait plus, il l'élève à la dignité de sacrement, ce qui le rend plus sacré encore, affirme davantage son inviolable indissolubilité, et le soustrait encore plus à la juridiction du pouvoir civil.

Que le mariage soit un sacrement, et partant une chose exclusivement religieuse, c'est qu'un catholique ne saurait mettre en doute, car c'est là une vérité plus que certaine, c'est une vérité de foi définie par le saint concile de Trente qui s'exprime ainsi: » Si quelqu'un dit que le mariage n'est pas véritablement et proprement un des sept sacrements de la loi évangélique, instituée par notre Seigneur Jésus-Christ, mais qu'il a été inventé par les hommes dans l'Église, et qu'il ne confère pas la grâce; qu'il soit anathème. » Et dans le syllabus, Pie ix n'a-t-il pas condamné la proposition suivante?

«Il n'est pas du tout prouvé que le Christ ait élevé le mariage à la dignité de sacrement. » Il n'y a donc pas à invoquer ici la séparabilité du contrat d'avec le sacrement. Le contrat et le sacrement c'est tout un; tout contrat valide entre chrétiens est un sacrement, comme tout sacrement est un contrat; il ne peut pas plus y avoir de vrai contrat sans sacrement qu'il ne peut y avoir de sacrement sans contrat et l'on ne peut supposer le sacrement divisible du contrat de mariage pour des catholiques.

Le mariage des chrétiens est un sacrement. L'union conjugale entre des chrétiens, dit Pie ix, n'est légitime que dans le mariage sacrement, hors duquel il n'y a qu'un pur concubinage. — Tout mariage légitime entre chrétiens, dit Léon xiii, est en lui-même et par lui-même un sacrement. Dans le mariage chrétien, le contrat est inséparable du sacrement;

c'est pourquoi il ne peut exister un vrai et légitime contrat, sans qu'il soit par le fait même un sacrement. Ce qui a été élevé à la dignité de sacrement, c'est le mariage lui-même, c'est-à-dire le contrat institué de Dieu à l'origine, le contrat qui unit l'homme et la femme, d'où résulte un lien indissoluble. Entre chrétiens donc, encore une fois, mariage et sacrement ne sont pas deux choses distinctes, dont l'une plus récente serait venue s'ajouter à l'autre plus ancienne; non, ce qui est sacrement, c'est le mariage, si bien que mariage et sacrement non-seulement ne sont pas séparables, mais sont identiquement une seule et même chose; là où il n'y a pas sacrement, il n'y a pas contrat, et s'il y a contrat, il y a sacrement. Voilà la vraie doctrine.

Or, comment le mariage, par ce fait qu'il est un sacrement, est-il indissoluble de sa nature? La signification mystique du mariage chrétien nous donne la raison de cette indissolubilité, au reste, même avant d'être un sacrement de la loi évangélique, le mariage avait déjà un caractère sacré et surnaturel, caractère que Dieu lui avait imprimé dès sa première institution, car il en avait fait le signe tout à la fois prophétique et permanent de l'union du verbe avec notre humanité. L'indissolubilité n'est pas moins nécessaire pour signifier l'union de Jésus-Christ avec l'Église, union indissoluble, elle ne peut-être figurée que par un mariage indissoluble. Aussi le concile de Florence enseigne-t-il qu'il est indissoluble par cela seul qu'il est le signe de l'union de Jésus-Christ et de l'église.

« Le lien conjugal, formé et noué par le concours de deux puissances la volonté humaine et la volonté divine; voilà l'essence même du mariage Ce lien, sacré par lui-même, est devenu plus sacré par l'institution du sacrement, est un lien qu'on ne divise pas, un lien qu'on ne rompt pas: voilà ses propriétés. » (P. Monsabré). La loi sur le divorce est donc nulle et contraire au droit divin de Jésus-Christ qui a institué le sacrement de mariage. Et c'est l'indissolubilité qui rehausse le mariage et qui fait dire à l'apôtre St Paul: « Ce sacrement est grand; je le dis dans le Christ et dans l'Église. »

Le Divorce et le droit de l'Eglise.

Les apôtres ont interprété de la même manière la volonté de leur Maître: Qu'il nous suffise de citer St Paul, le docteur des nations et le législateur par excellence en la matière qui nous occupe « Une femme mariée, dit-il dans son épitre aux Romains, est liée par la loi du mariage à son mari tant qu'il est vivant; s'il vient à mourir, elle est dégagée de la loi du mari. Si donc elle s'unit à un autre homme du vivant de son mari, elle sera appelée adultère, mais quand son mari est mort, elle est affranchie de la loi du mariage; et elle peut se donner à une autre sans être adultère. » Et dans sa première épitre aux Corinthiens le grand Apôtre parle en ces termes : « A ceux qui sont unis par le mariage, voici mon commandement; non, ce n'est pas le mien, c'est celui du Seigneur: que la femme ne se sépare pas de son mari; si elle s'en sépare, qu'elle demeure sans se marier ou qu'elle se réconcilie avec son mari. Et de même, que le mari ne quitte point sa femme. » N'est-ce pas déclare formellement l'indissolubilité du mariage, basée sur la volonté expresse de Jésus-Christ?

Les Pères et les docteurs de l'Eglise des premiers siècles n'ont pas enseigné une autre doctrine ni tenu un langage différent. St-Augustin dit que « la sainteté du sacrement empêche qu'un des deux époux, se séparant de l'autre par le divorce, ne puisse s'unir à un autre. » N'est-ce pas dire que le mariage est indissoluble parce qu'il est un sacrement ?

Mais venons-en tout de suite à la grande assemblée du Concile de Trente qui résume à cet égard toute la tradition et nous donne la vraie doctrine de l'Eglise. « Si quelqu'un dit qu'il est permis aux chrétiens d'avoir en même temps plusieurs femmes et que cela n'est défendu par aucune loi divine, qu'il soit anathême. » -- Si quelqu'un dit que l'Eglise est dans l'erreur lorsqu'elle enseigne, comme elle l'a toujours enseigné, suivant la doctrine de l'Evangile et des apôtres, que le lien du mariage ne peut être dissous à cause de péché d'adultère d'une des parties; que ni l'une ni l'autre, pas même la partie innocente, ne peut contracter d'autre mariage tant que l'autre partie est encore vivante; que le mari qui, ayant quitté sa femme adultère, en épouse une autre, commet lui-même un adultère; ainsi que la femme qui, ayant quitté son mari adultère, en épouse un autre. . . qu'il soit anathême! , , Tel est l'enseignement formel de l'Eglise dans tous les temps.

Aussi avec quelle force, dit l'auteur des erreurs modernes, les papes ne se sont-ils pas opposés depuis un siècle à toutes les tentatives faites par les sectaires pour introduire le divorce dans les divers Etats? qu'on relise les discours et les lettres de Pie VI, de Pie VII, de Pie VIII, de Grégoire XVI, de Pie IX et surtout de Léon XIII; quels solennels avertissements. De même, avec quelle énergie n'ont-ils pas combattu à toutes les époques pour maintenir l'indissolubilité du mariage contre les emportements de la passion et de l'ambition des princes! Qu'on se rappelle les luttes magnanimes de Nicolas Ier contre Lothaire, d'Urbain II et de Pascal II contre Philippe 1er, de Célestin III et d'Innocent III contre Alphonse roi de Léon, et contre Philippe-Auguste, de Clément VII et de Paul III contre Henri VIII, de Pie VII contre le tout-puissant Napoléon 1er. Certes, conclut l'auteur, tout catholique devra conclure de ces documents et de ces faits qu'il doit employer tout ce qu'il a de talents, d'influence et de vie, pour épargner à sa patrie l'établissement du divorce, ou, s'il y est permis, pour changer la législation.

Les crimes mêmes, qui peuvent autoriser une séparation, ne brisent pas le lien qui enchaîne deux vies l'une à l'autre, lorsqu'elles se sont épousées, et la femme renvoyée du lit ou du toit conjugal, à cause de son infidélité, ne peut être remplacée que par une adultère. C'est dur pour l'homme charnel, mais c'est la loi primitive, comme c'est la loi du monde nouveau créé par le rédempteur. Oui, c'est la loi; c'est la loi naturelle, c'est la loi de Dieu, c'est la loi de J. C., c'est la loi de l'église; c'est la loi des apôtres et des Pères, c'est la loi des théologiens, et des conciles et des papes, et personne au monde ne peut s'inscrire en faux contre cette loi. Une seule femme ou pas du tout, c'est la devise du chrétien. Tant que l'homme est vivant, fût-il chargé de tous les crimes, il reste le mari de la femme qu'il a épousée. Le sacrement le veut ainsi. Ne nous parlez pas des lois de divorce édictées par les puissances séculières. Ce ne sont pas ces lois qui nous jugeront, mais celles que Dieu a faites. Autres sont les lois des Césars, autres les lois du Christ; autre chose est ce que permet Papinien, autre chose ce que défend notre grand Paul. Écoutez la loi de Dieu à laquelle sont soumis même ceux qui font les lois: que l'homme ne sépare pas ce que Dieu a uni !

Malgré cette incontestable indissolubilité, prétendrons-nous toutefois que jamais, en aucun cas, le bien conjugal naturel ou surnaturel, ne puisse être rompu ? Non, il peut l'être dans quelques cas exceptionnels et l'exception ne fait, ici comme ailleurs, que confirmer la règle; mais en aucun cas il ne peut l'être en vertu d'une sentence de la puissance séculière, car il n'est pas de sa compétence et de sa juridiction; mais il est seulement soumis au pouvoir et à la législation de l'Église, comme nous le verrons plus loin.

Les théologiens, à la suite des Pères de l'Église et des conciles, distinguent, en effet, trois cas où le mariage peut être dissous: 1° le mariage même consommé des infidèles est dissous par la conversion d'une des parties à la foi, lorsque la cohabitation devient impossible ou dangereuse pour cette dernière; 2° le mariage non consommé des fidèles est dissous par la profession religieuse solennelle d'un des époux; 3° le mariage non consommé des fidèles peut être dissous par une dispense ou une sentence du Pape ou du concile dans certaines circonstances très graves. Ainsi, le mariage consommé des infidèles peut être dissous en un seul cas; le mariage consommé des fidèles ne peut jamais l'être; le mariage non consommé des fidèles peut l'être par la profession religieuse, et, dans quelques circonstances extrêmes, par une dispense.

Sauf ces trois exceptions, le mariage est indissoluble. Le lien ne peut être rompu, suivant l'enseignement du concile de Trente, ni dans le cas d'adultère, ni dans ceux d'hérésie, de violences ou d'absence prolongée. Seulement, dans le cas d'adultère, d'hérésie, de violences très graves, et dans quelques autres cas, l'Église peut permettre et même prescrire la séparation temporaire ou perpétuelle des époux. Mais nous ferons seulement observer ici que la séparation suffit pour remédier aux inconvénients qui ont servi de prétexte en certains pays comme en France, à l'autorisation légale du divorce.

Maintenant, montrons bien vite que, lors même qu'il n'y aurait aucune loi pour prescrire et conserver l'indissolubilité du lien matrimonial, le divorce n'en serait pas moins une chose odieuse à cause de ses funestes conséquences.

Le divorce et ses funestes conséquences

POUR voir ce que veut la loi du divorce, voyons ce qu'elle fait : ce sera la meilleure manière de la juger.

Le rapporteur de la loi devant le Sénat disait dans l'exposé de ces motifs pour le rétablissement du divorce : « Le caractère purement civil du mariage suffit à justifier le rétablissement du divorce, si cette institution ne porte atteinte ni à la liberté de conscience, ni à l'intérêt des enfants, ni à l'intérêt des époux, ni à l'intérêt social. » Or, il y a ici autant d'erreurs que d'affirmations. Nous avons vu déjà que le divorce est illégitime et impossible, que le tenter est un crime, et qu'au point de vue de la conscience, la loi qui l'autorise est nulle, puisqu'elle est contraire à tous les droits. Nous allons voir maintenant combien elle est funeste et désastreuse par ses résultats. Non seulement on ne peut pas dire que le divorce ne porte pas atteinte aux choses énumérées ci-dessus; mais l'on peut et l'on doit affirmer au contraire qu'il leur est souverainement préjudiciable. Et d'abord, il n'est pas vrai de dire que le caractère du mariage est purement civil. Le caractère du mariage est au contraire quelque chose de sacré, de spirituel, de religieux; il est du for de la conscience sur lequel l'État ne peut rien; il est exclusivement du domaine de l'Église, surtout si l'on se rappelle qu'il est, entre chrétiens, nécessairement un sacrement. Aucune loi civile ne saurait donc justifier le divorce. En vain donc, dira-t-on que la loi ne connaît pas le mariage religieux, qu'elle en fait abstraction et n'a pas à s'en occuper. Autant de mots, autant d'erreurs, dit avec raison le P. Baudier. Il est faux d'abord, absolument faux que la loi civile ait le droit d'ignorer la loi religieuse, le mariage religieux et d'en faire abstraction. Est-ce que, dit-il, la loi civile est indépendante de toute loi supérieure, indépendante même de Dieu? n'est-elle pas essentiellement soumise à son autorité, et, par une conséquence nécessaire, subordonnée à la loi religieuse, organe et interprète de cette même autorité? Dans une foule de circonstances ne doit-elle pas se laisser guider, diriger, corriger même par la loi religieuse si elle ne veut contredire aux devoirs les plus essentiels et violer les droits les plus sacrés? Pour qui, par qui est faite la loi civile? Pour l'homme et par l'homme, c'est-à-dire un être obligé par le fond même de sa nature, qu'il le veuille ou non, au devoir religieux. Et elle pourrait ignorer, la religion, ou n'en tenir aucun compte? Tout cela n'est qu'un sophisme uniquement appuyé sur la fausse et intolérable distinction entre l'homme privé et l'homme public, le simple citoyen et le magistrat, comme si l'un et l'autre n'étaient pas tenus de conformer tous leurs actes à la règle éternelle de la vérité et de la justice devant laquelle ils sont également responsables. Au reste, continue-t-il, c'est une puérilité simple de dire que la loi du divorce ignore le mariage religieux et en fait abstraction; il n'en est rien. Qu'on veuille bien laisser ce mot de loi, vague, incertain, indéterminé, qui dit tout et ne dit rien, et qu'on prenne les choses au concret, dans le vif de la réalité. La loi du divorce, en France, a été faite pour un pays chrétien, dont les habitants en immense majorité sont chrétiens et mariés religieusement; elle a été faite par des hommes, eux aussi pour la plupart chrétiens, au moins de nom et par le baptème et mariés religieusement.?

Mais le rationalisme sait procéder par degrés. L'État commence par permettre, puis à imposer le mariage civil, puis, lorsqu'il le peut, il autorise le divorce. Le mariage civil appelle, comme sa conséquence naturelle et fatale, la loi du divorce, en attendant la polygamie. Si le pouvoir civil, en effet, peut constituer un mariage civil, pourquoi ne pourrait-il pas le dissoudre? On ne voit certainement aucune raison qui l'en empêche, et nos législateurs ont été parfaitement logiques lorsque, après nous avoir imposé la loi du mariage civil, ils nous ont octroyé la loi du divorce. Ce sont deux infamies qui s'attirent et se complètent.

«Mais le mariage, dit Pie VIII, ne doit point être rangé parmi les choses terrestres, mais parmi les choses sacrées; aussi le peuple chrétien doit être soigneusement instruit qu'il est exclusivement soumis à l'Eglise.»—«C'est à l'Eglise seule, enseigne Pie VII, à laquelle a été confié tout le soin des sacrements, qu'appartient absolument le droit et le pouvoir de déterminer la forme de ce contrat élevé à la dignité sublime de sacrement, et par conséquent de prononcer sur la validité ou l'invalidité des mariages. » C'est un dogme de foi, répéta Pie IX, que le mariage a été élevé par Jésus-Christ-Notre-Seigneur, à la dignité de sacrement, et c'est un point de la doctrine de l'Eglise catholique que le sacrement n'est pas une qualité accidentelle surajoutée au contrat, mais qu'il est de l'essence même du mariage. » — « Le mariage, par son caractère naturel lui-même, est sacré, dit enfin Léon XIII; aussi convient-il, même à ce point de vue, qu'il soit régi et réglé non point par la puissance des princes, mais par l'autorité divine de l'Eglise, qui a toute la charge des choses sacrées. Mais le mariage des chrétiens n'a pas été laissé dans sa condition naturelle; il a reçu cette singulière noblesse que par l'institution de Jésus-Christ, il est devenu un sacrement. Dès lors, toute la discipline du mariage chrétien est du ressort exclusif de l'Eglise: car, par la volonté de Jésus-Christ, l'Eglise seule a le pouvoir et le devoir de faire des statuts et des lois sur les sacrements, tellement qu'il serait monstrueux d'attribuer une partie de cette autorité, quelque minime qu'elle fût, à ceux qui gouvernent la société civile. » Voilà pourquoi le concile de Trente avait déclaré : « si quelqu'un dit que les causes matrimoniales n'appartiennent pas aux juges ecclésiastiques, qu'il soit anathème ! » Et c'est parce que le mariage est un sacrement, que toutes les causes matrimoniales sont du ressort de la juridiction ecclésiastique, et en vertu d'un droit qui est propre à l'Église. Il lui appartient donc, et à elle seule, de juger des fiançailles, de la validité ou de la nullité du mariage, ou même de prononcer sur la simple séparation.

Le mariage n'est pas une institution humaine ; ce n'est pas un acte purement naturel, ne relevant que des lois civiles. Le prétendre, c'est se mettre en contradiction avec la foi, avec l'histoire, avec toutes les traditions du genre humain. L'institution du mariage est divine, et, si Dieu en a posé les lois, encore une fois, il n'est au pouvoir d'aucune puissance humaine de les détruire ou de les modifier.

Le but du mariage n'est pas seulement pour les époux de s'entr'aider à supporter les peines de la vie, ni de s'aimer d'un amour naturel ; c'est de réaliser, par l'intimité et l'indissolubilité de leur union, par la générosité de leur dévouement, par la pureté et la vivacité de leur amour, l'alliance la plus pure, la plus sainte qui se puisse concevoir, celle de J.-C. avec son Église. Le but de leur union n'est pas seulement de mettre au monde des enfants et de donner des citoyens à la patrie; c'est aussi, c'est plus encore, de donner des fils à l'Église, des cohéritiers à Jésus-Christ des élus au royaume de Dieu.

Considérés sous cet aspect, qu'ils sont sublimes le caractère et la fin du mariage ! Eh bien ! c'est de cette hauteur et de cette sublimité que le divorce vient les faire déchoir, en prétendant que le mariage a un caractère civil et purement naturel, bien qu'il soit avéré, d'après tout ce que nous avons dit, que l'état n'a aucun droit sur le lien du mariage, que le contrat purement civil ne fait pas le mariage et qu'il est nul devant Dieu.

Les effets déplorables et les conséquences funestes comme le caractère pernicieux et injuste de la loi du divorce sont parfaitement résumés dans les paroles suivantes de Léon XIII: « C'est là une loi, dit-il, qui marche directement contre le précepte de Dieu lui-même, précepte intimé à l'homme dès le commencement du monde : Ce que Dieu a uni que l'homme ne le sépare pas ! C'est une loi qui répugne ouvertement à l'enseignement de Jésus-Christ, législateur universel, et à toute l'économie de l'Église sur le mariage; c'est une loi qui ne reconnaît pas en ce grand sacrement l'excellence sublime à laquelle il fut élevé par Jésus-Christ et qui l'abaisse à la condition d'un pur contrat civil ; c'est une loi qui dégrade la femme et l'humilie ; qui compromet l'éducation et le bien-être des enfants ; qui rompt les liens de la société domestique et la détruit ; qui sème la discorde dans les familles, qui est une source de corruption pour les mœurs publiques et le principe pour les États d'une ruineuse décadence.

Il ne porte pas atteinte à la liberté de conscience, prétendent nos législateurs; mais c'est le contraire qui est vrai et qu'il faut dire. Comment en effet, si le catholique fidèle n'est point protégé contre la demande en divorce de l'époux infidèle, comment sa liberté de conscience est-elle respectée ? et dans quelle situation les mettez-vous en face de la loi divine. N'est-ce pas la violenter dans sa foi, dans sa vertu, dans sa conviction la plus chère et ses principes les plus sacrés et qui l'intéressent au plus haut point ? Si la société chrétienne, si les lois de l'Église ne sont point protégées par la loi civile contre les demandes opposées aux principes qui les régissent, est-il vrai de dire que la liberté de conscience est respectée ? Par le mariage civil, si le mari s'en contente malgré les réclamations de l'épouse, n'est-il pas déjà une grave atteinte portée à la liberté de conscience ? La loi, en effet, ne veut-elle pas que la femme demeure avec cet homme, et le magistrat ne la condamnera-t-il pas, malgré elle, à la cohabitation, c'est-à-dire au concubinage légal? Martyriser une femme dans sa foi de chrétienne, dans sa chasteté et sa dignité de jeune fille, n'est-ce pas abominable ? eh bien! ne peut-on en dire autant du divorce? Toujours, on la voit la liberté de conscience au profit de l'erreur et du vice, jamais en faveur de la vérité et de la vertu! Ah! si pour la liberté de conscience, on entend le libertinage de la conscience, c'est différent : il est certain que le divorce n'y met pas obstacle, dit un écrivain sur le sujet qui nous occupe. La doctrine et la pratique qui découlent naturellement de la législation sur ce point, le démontrent avec évidence. Mais soutenir que la loi sur le divorce ne porte pas atteinte à la liberté de conscience, c'est plus qu'une erreur, c'est une impertinence et une insulte.

Soutenir que la même loi ne porte pas préjudice à l'intérêt des époux est une seconde et profonde erreur. La loi, en effet, dit le Père Baudier, donne à la partie qui a obtenu le divorce, le droit légal d'expulser l'autre du domicile conjugal, même par la force publique, contre tout droit divin et humain; elle autorise les deux parties à contracter un nouveau mariage civil et, par suite, à poser un empêchement légal perpétuel de sa nature à l'accomplissement de devoirs, à l'exercice de droits toujours subsistants, les devoirs et les droits du mariage religieux; elle interdit à l'époux repentant de rentrer dans l'ordre et le devoir, si l'autre ne le veut pas; elle interdit à tous les deux, quand même ils le voudraient, d'y rentrer sans la célébration d'un nouveau mariage; s'ils se réunissent, elle les regarde comme concubinaires ou adultères, et comme enfants naturels ou adultérins les enfants nés de leur réunion; même dans un cas spécial, elle leur interdit absolument de revenir jamais l'un à l'autre.

Mais ce qu'il y a de plus sacrifié dans le divorce, c'est l'enfant, qui voit son héritage partagé, son éducation compromise et qui par le divorce perd ses propres parents. Lorsque ceux-ci se séparent que deviendront les enfants? faut-il les abandonner aux soins d'une marâtre, et, au lieu

des tendresses maternelles, leur faire essuyer toute l'indifférence d'une
étrangère, toute la haine d'une ennemie ? Ces inconvénients se font assez
sentir parmi nous, lorsqu'une femme qui a des enfants vient à mourir,
et que leur père en prend une seconde. Faut-il laisser aux caprices des
parents le pouvoir de rendre leur postérité malheureuse? Le mariage,
dira-t-on, pourrait être dissous lorsque les enfants n'ont plus besoin du
secours ni de la tutelle de leurs père et mère. Mais qui décidera en quel
temps les enfants n'ont plus besoin de ce secours? N'ont-ils pas toujours
besoin de vivre avec leurs père et mère dans un commerce mutuel de
tendresse et de bienfaits? Or, dans le cas du divorce, il serait impossible
que cette tendresse réciproque pût subsister.

Le divorce nuisant à la famille, nuit par là même à l'intérêt social. Le
divorce ne peut être, en effet, qu'une source continuelle de haines et de
divisions entre les familles, au lieu que le mariage est destiné à les réunir
La possibilité d'obtenir le divorce par l'adultère est un attrait pour le
faire commettre. La crainte seule de ces inconvénients suffirait pour
altérer la tendresse et la confiance mutuelle des époux. D'autre part, le
législateur ne peut accorder la faculté du divorce pour quelques cas,
sans être entraîné à le donner pour une infinité d'autres.

« Il n'est, remarque Léon XIII, aucun frein assez puissant pour contenir
la faculté une fois concédée du divorce dans des limites fixes et prévues
d'avance. Grande, en effet, est la force des exemples, et plus grand
encore celle des passions. Sou cette double influence, là licence du divorce ne peut manquer de se répandre insensiblement, et à la fin, il en
vahira des multitudes, comme une lèpre contagieuse, ou un fleuve qui a
emporté ses digues. »

« A peine pourrait-on énumérer les maux si grands dont le divorce
est la source, dit encore avec raison notre illustre Pontife. Le lien conjugal perdant son immutabilité, attendez-vous à voir la bienveillance et
l'affection détruites entre les époux; un encouragement donné à l'infidélité; la protection et l'éducation des enfants rendues plus difficiles; des
germes de discordes semés entre les familles; la dignité de la femme
méconnue; le danger pour elle de se voir délaissée après avoir servi
d'instrument aux passions de l'homme. Et parce que rien ne perd les
familles et ne détruit les royaumes les plus puissants, comme la corruption

des mœurs, on voit facilement que le divorce, qui ne naît d'ailleurs que des mœurs dépravées des peuples, est l'ennemi le plus redoutable des familles ou des États, et qu'il ouvre la porte, l'expérience l'atteste, aux habitudes les plus vicieuses, et dans la vie privée et dans la vie publique. »

Ainsi donc, d'après cette auguste parole, tout souffre du divorce : le mariage lui-même, ceux qui se marient, les enfants, les familles, la société tout entière. Au reste, qu'on interroge l'histoire : partout et toujours le divorce a produit la décomposition des familles et la ruine des États. A Rome, les matrones en vinrent à compter les années non par la succession des consuls mais par le nombre de leurs maris. La plupart des pays protestants où le divorce est permis, donnent le spectacle d'une telle dissolution de mœurs, que les hommes sensés et honnêtes ont plusieurs fois fait entendre des cris d'effroi. Après que la Constituante eut donné la faculté de divorcer, plusieurs milliers de mariages furent dissous dès la première année ; les suites funestes de cette exécrable liberté se développèrent si promptement et avec des caractères si hideux, que plusieurs révolutionnaires condamnèrent hautement la loi, et que, quelques années après, tous les gens honnêtes applaudirent à son abolition.

Quand on a lu l'histoire avec réflexion, dit un auteur, et que l'on connaît les divers usages des peuples anciens et modernes, l'on est indigné de la confiance avec laquelle nos dissertateurs téméraires osent écrire que la permission du divorce remédierait en grande partie à la corruption des mœurs et qu'elle inspirerait aux époux plus de retenue ; l'expérience prouve précisément le contraire. Ils disent qu'il y a de la cruauté à forcer deux époux qui se haïssent et se méprisent, à demeurer ensemble jusqu'à la mort, dans le chagrin et la discorde. Mais c'est leur crime de se haïr et de se mépriser : s'ils n'étaient pas vicieux et bien résolus de ne se corriger jamais, ils apprendraient à s'estimer et à s'aimer. Aussi en quel temps s'avise-t-on de réclamer et d'écrire contre l'indissolubilité du mariage ? c'est lorsque les mœurs d'une nation sont portées au plus haut degré de la dépravation. Alors, les mariages sont nécessairement malheureux, parce que deux caractères vicieux ne peuvent pas se supporter longtemps. On ne peut plus souffrir aucun joug, on veut la liberté (c'est-à-dire l'indépendance, la licence, le libertinage) ; comme si les deux sexes, également corrompus, étaient capables d'user sagement de la liberté: c'est justement alors qu'il leur faut des entraves et des chaînes. Si, semblables aux Romains, ils ne peuvent plus supporter ni leurs vices, ni leurs remèdes, qu'ils se corrigent, et tout le mal sera réparé.

Mais, c'est précisément parce que le divorce est défendu par Jésus-Christ que le rationalisme veut le permettre. L'État, dit D. Benoît, afin de mieux prouver son autorité sur le mariage, va permettre ce que défend Jésus-Christ lui-même, ce que l'Église déclare ne pouvoir permettre. Quand la faculté du divorce sera inscrite dans la loi (et elle l'est), les chrétiens eux-mêmes demanderont à l'État la dissolution de leur mariage: douteront-ils alors d'une puissance dont ils invoqueront l'intervention? Et puis chaque fois qu'un législateur se met en opposition avec les lois de l'Évangile, il professe par le fait même que Jésus-Christ n'est pas Dieu. « Nous voulons donc inscrire le divorce dans notre code, afin qu'il y soit une protestation de l'indépendance de notre raison. » Oui, le rationalisme ne se trompe pas, un code qui accorde la liberté du divorce est essentiellement impie.

En second lieu, si la famille est constituée en dehors des conditions prescrites par l'Évangile, elle sera soustraite à l'influence chrétienne. « Nous voulons des familles qui soient soumises à la *raison* et ennemies de la *superstition*. Toutes les familles qui prendront leur origine dans un divorce seront à nous: permettons le divorce. »

En troisième lieu, les cœurs corrompus sont d'instinct les ennemis de Jésus-Christ. Le sacrement de mariage est, au sein des peuples chrétiens, la grande digue qui contient les passions et s'oppose à leur fureur. « Par le divorce brisons la digue: le mariage n'empêchera plus le débordement de la corruption. Nous voulons des générations corrompues, pour qu'il n'y ait plus de générations chrétiennes: permettons le divorce. »

Voilà les principales raisons qui font des ennemis de Jésus-Christ et de l'Église les fauteurs du divorce. Les adversaires de la famille et de la société civile, eux, ont d'autres desseins encore: ils voient dans le divorce un acheminement à la destruction de la famille et de la société.

Voilà, avec les autres lois néfastes dont nous a dotés la troisième République, et qui fait bien l'affaire des francs-maçons et des Juifs, et voilà aussi pourquoi nous n'en voulons pas.

La France chrétienne n'en veut pas non plus. En quatre ans, le chiffre des divorces s'est élevé chez nous à 12.520. C'est déjà beaucoup trop, sans doute; mais cela prouve aussi que la France veut rester chrétienne, vivre selon l'Évangile, et n'entend pas bénéficier de cette loi. Si l'on rapproche le nombre de divorces prononcés en 1887 (3.636), du chiffre des ménages légitimes existant à pareille époque, on trouve qu'il y a eu une union dissoute sur 2.050 ménages. Cette proportion varie beaucoup suivant le département que l'on considère. Près du tiers des divorces ont été prononcés à Paris (1 divorce sur 514 ménages), tandis que la Lozère et la Savoie n'en ont enregistré aucun. Terminons toutefois par la péroraison du P. Monsabré dans sa conférence sur le divorce.

« Voilà le péril, Messieurs, dit-il, si les enfants de Dieu lassés de porter le joug des unions indissolubles se laissent tenter par les trop nombreux exemples de répudiation dans lesquelles la passion cherche ses franchises; si les lois humaines triomphent de la loi divine; si le divorce devient la coutume de nos sociétés, c'est fait, notre décadence est assurée plus profonde et plus honteuse que toutes les décadences historiques, parce que nous serons tombés de plus haut. Le divorce licencie la bête humaine, et la bête humaine est insatiable. A chaque satisfaction qu'on lui accorde, elle crie : Encore, encore! *affer! affer!* Après la liberté restreinte, elle voudra la liberté illimitée, après l'union légale, l'union à volonté, dans l'union à volonté la polygamie, après la polygamie, la promiscuité. Les foyers domestiques ne seront plus que des basses-cours et des chenils, et dans la race bestiale qu'aura faite la décadence, inaugurée par le divorce, on ne pourra plus définir le mariage, que : la rencontre sexuelle d'un mâle et d'une femelle pour la propagation de cette espèce animale qu'on appelait jadis l'espèce humaine. Nous n'en sommes pas là, Messieurs, Dieu merci, et j'espère que nous n'y arriverons pas. Mais il faut pour cela que les vrais chrétiens et les hommes sensés s'unissent, fassent résolument leur choix entre les principes de décadence et la loi de progrès et de perfection; qu'ils proclament enfin dans leurs mœurs plus que dans leurs discours : « Qu'on ne sépare pas ce que Dieu a uni : *Quod Deus conjunxit homo non separet.* »

La loi du divorce, nous l'avons démontré, est mauvaise en soi, intrinsèquement et absolument. Nous n'avons plus maintenant qu'à descendre dans les détails et dans la pratique, à déterminer en particulier quelle peut ou doit être, à l'égard de cette loi, la conduite de ceux qu'elle peut intéresser. Ce sont principalement les magistrats, juges ou procureurs, les clients ou demandeurs, l'avoué l'officier de l'état civil ou le maire et les témoins.

Commençons par le juge: Ses devoirs comme sa conduite en cette question dépendent essentiellement de la nature de ses fonctions. Le juge ainsi que l'indique son nom (*jus dicens*), dit le droit, il le dit activement authentiquement, efficacement, et sa parole est un acte de l'autorité qui en détermine la nature, la valeur, l'effet. Par conséquent, il est actif en droit et en fait, et responsable des sentences qu'il prononce. Dans tout jugement il y a deux agents véritablement actifs: l'avoué qui conclut et le juge qui prononce. L'avoué est légalement actif quoiqu'il s'efface très souvent derrière l'avocat, son porte-parole, qui devient ainsi, en fait, le maître du procès. Quant au juge, il n'exécute pas la sentence, il se borne à la prononcer, mais sa parole donne à la loi toute son autorité Très souvent le demandeur est, par la nature du procès, amené à demander une condamnation; alors le juge condamne. La nature d'une action en divorce comporte la demande de l'autorisation de divorcer, en conséquence le juge autorise à divorcer. Mais, au point de vue de la responsabilité, ce serait en vain que l'on voudrait établir une différence entre condamnation et autorisation. Condamner ou autoriser c'est toujours juger, c'est-à-dire faire acte d'autorité judiciaire, prononcer sur un litige une décision qui sera revêtue de la force et de l'autorité publique. Le juge est donc responsable des effets qui ressortent de sa sentence dans ce prononcé du divorce, et ses effets n'étant ni ne pouvant être purement civils, ils atteignent la conscience et obligent le juge à se récuser ou à se démettre.

Quelle sera donc la conséquence inévitable de ces principes? Que tout magistrat catholique, honnête homme, devra donner sa démission? Pas tout de suite. Il doit d'abord juger contre le divorce au risque de ce qui pourra arriver. *Dura lex, sed lex.* Ici, ce qu'il faut examiner avant tout ce n'est pas de savoir si le magistrat pourra ou non conserver son siège et l'avocat accepter toutes les causes qui se présentent à son cabinet, mais si la loi est mauvaise et d'une malice telle qu'elle ne puisse jamais être appliquée en sûreté de conscience Si oui, il n'y a pas à hésiter, le devoir est là qui défend de passer outre. Ainsi faisaient les premiers chrétiens, ils mouraient plutôt que d'apostasier leur foi. Certes, il faut le dire, en présence d'intérêts si graves en péril, la prudence, la charité, la justice même demandent que l'on aille aussi loin que la conscience le permet ou le tolère, mais du moment qu'elle montre la limite infranchissable, il faut s'arrêter. Cependant il importe à la société d'avoir des juges intègres, honnêtes et religieux, mais le magistrat qui applique une loi injuste et sacrilège est-il encore un honnête homme, de religion et de conscience ?

Que demandent les clients en réclamant le bénéfice du divorce tel que la loi l'entend, et que le juge, du moins en France, est obligé de le prononcer ? D'abord la dissolution du mariage qui les lie; puis d'une manière explicite ou implicite, mais formelle, le droit légal de contracter un nouveau mariage civil. Qui veut le divorce veut ces deux choses ou rien, car il est impossible de les séparer. Or l'objet de cette demande, en lui-même, pris matériellement, et même abstraction faite de l'intention des demandeurs, est mauvais, d'une malice intrinsèque, absolue. Jamais il ne sera permis à celui qui est lié par un mariage religieux de contracter un nouveau mariage civil. Mais lorsque l'objet d'une demande est mauvais en soi, absolument et dans la réalité matérielle, il n'est jamais permis de l'accorder. Et pour nous résumer, par un argument fondamental et décisif, disons :

Le droit légal de contracter un nouveau mariage civil, lorsqu'on est lié par un mariage religieux, est un droit intrinsèquement mauvais et injuste.

Or le juge, en prononçant le divorce, donne un tel droit en vertu de de son autorité ; Donc le juge, en prononçant le divorce, donne, en vertu de son autorité, un droit légal intrinsèquement mauvais et injuste. Mais donner, en vertu de son autorité, un droit légal intrinsèquement mauvais et injuste, c'est se rendre coupable. Donc le juge se rend coupable en prononçant le divorce.

Quant à l'officier de l'état civil, il n'a dans le divorce qu'un rôle subordonné, purement matériel et comme passif, se réduisant à un simple enregistrement. Le mariage civil se fait devant l'officier de l'état civil. Par une sorte de parallélisme, la loi française a voulu que le *démariage* se fît en la même forme. Mais ce prononcé du divorce n'est qu'une simple opération matérielle à laquelle l'officier de l'état civil ne peut légalement se refuser, du moment qu'on lui justifie d'un jugement passé en force de chose jugée, autorisant le divorce. Voilà qui tranche définitivement la question : le maire n'est pas libre de refuser son ministère; il n'est donc pas l'autorité qui fait le divorce, car il est de l'essence de toute autorité, surtout en matière de justice, d'être libre dans la sphère de son action propre. C'est le juge qui fait tout. Tant qu'il n'a pas parlé, rien ne peut se faire; a-t-il parlé, tout se fait, du moins peut se faire, si la partie qui a obtenu l'autorisation le veut, et personne ne peut l'empêcher. C'est le juge qui fait le divorce; qui le prononce, non pas immédiatement matériellement, mais médiatement, formellement, par l'autorisation qu'il donne.

Mais le maire peut-il unir par un nouveau mariage civil des personnes divorcées, le conjoint du premier mariage vivant encore ? Non, car l'effet nécessaire, immédiat de son acte c'est le concubinage et l'adultère légalement obligatoire, puis, un empêchement nouveau, perpétuel de sa nature aux droits et aux devoirs toujours en rigueur du premier, du seul vrai mariage. Qu'il unisse lui-même les époux ou les déclare unis au nom de la loi, il est là comme autorité, son ministère est indispensablement requis, il est donc responsable de l'acte et de ses conséquences. Voudrait-on assimiler l'acte du maire dans le mariage après le divorce à celui par lequel il unit civilement un homme qu'il sait ne pas vouloir se marier religieusement ? La différence est grande. Dans le second cas, bien que des effets fâcheux puissent suivre de l'acte du maire, ils n'en sont pas une conséquence intrinsèque, tandis que dans le premier, la volonté des contractants ne peut être que mauvaise et de l'acte du maire ne peuvent suivre que des effets mauvais. Le maire doit avoir la certitude morale qu'il ne lie pas, par le mariage dit civil, des personnes divisées, déjà liées par un mariage. Pas plus que le juge au tribunal, il ne peut se contenter de la simple probabilité.

Pour l'avocat, nous avons une réponse de la sacrée Congrégation. L'évêque de Southewartk demandait : « Un avocat peut-il se porter demandeur, lorsque le but du procès est la simple séparation, sans aucune sentence qui entraînerait la nullité du mariage ? » Rome répondit: Pourvu que la sentence du tribunal n'ait d'autre effet que la susdite séparation, on peut tolérer que des catholiques se portent demandeurs, à la condition toutefois qu'il y ait au jugement de l'évêque de justes causes de séparation. Il demandait encore, en 1860: Un avocat peut-il défendre la partie attaquée contre le demandeur en divorce? » Le Saint-Office répondit: « Pourvu que l'évêque soit assuré de la probité de l'avocat et que celui-ci ne dise rien qui s'écarte des principes du droit naturel et ecclésiastique, on peut le tolérer. Mais l'avocat ne peut plaider en demande de divorce, le cas est formellement excepté. On tolère qu'il plaide seulement lorsqu'il ne s'agit que de simple séparation. Que peut-il y avoir au-delà de la séparation? le divorce, la nullité du mariage. L'avocat peut toujours se porter défendeur contre le divorce; l'Église le tolère malgré l'incompétence. Relativement aux demandes s'il est libre, ou il est nommé d'office il ne peut en conscience en accepter aucune; dans l'autre cas, s'il se borne à exposer la cause, à narrer les faits, à énumérer les motifs égaux qui militent en faveur de son client, sans formuler aucune demande, sans prendre aucune conclusion, on ne peut vraiment le blâmer dans une position si difficile. Nous laissons d'ailleurs la décision à de plus sages et à de plus autorisés, ainsi que l'assistance des témoins qui dans certains cas me paraissent excusables bien que rien ne les obli‑ ge à servir une cause mauvaise en soi comme est celle du divorce. Ne préjugeons rien en une question si grave, attendons la réponse de Rome et nous dirons : *Roma locuta est, causa finita est.* On annonce d'ailleurs comme imminente la publication du décret du Saint-Office, concernant la ligne de conduite à suivre par les jurisconsultes dans les débats relatifs aux causes civiles du divorce.

Conclusion

Disons donc avec les évêques d'Amérique réunis au troisième concile de Baltimore : « D'accord avec tous les croyants chrétiens et les amis de la civilisation, nous déplorons le mal engendré par les lois du divorce dans notre patrie. Elles ébranlent tous les fondements de la société. » Et terminons pour les trop justes réflexions du P. Baudier à la fin du même sujet :

« Veut-on, dit-il, laisser notre société française se lancer dans cette périlleuse aventure et se livrer en proie au monstre dévorant? Depuis cinq ou six ans, que n'avons-nous pas vu, subi, accepté en fait d'injustices, de vexations, de hontes, de violation de tout droit divin ou humain? Expulsion des religieux, loi des écoles sans Dieu, loi sur les églises et les fabriques, traitements des curés arbitrairement supprimés, renvoi des aumôniers, laïcisation à outrance, le prêtre chassé de partout où il a sa place naturelle, tout a passé; tout a été oublié, on s'y est habitué, et, pour le moment, on est à peu près tranquille. . . . Est-ce que nous accepterons aussi le divorce? N'y aura-t-il pas de résistance? Parcequ'il plaît aux délégués des sociétés secrètes de nous imposer cette abominable liberté, allons-nous courber silencieusement la tête? . . . Qu'on le comprenne donc une bonne fois : il ne s'agit nullement de savoir si, à l'aide d'une casuistique subtile et déliée, on trouvera une distinction telle quelle, qui permette à l'avocat de plaider, au juge de prononcer le divorce, avec une conscience plus ou moins sûre, et ainsi de conserver leur place. Là n'est pas la question, car tout cela n'est que secondaire, intérêt privé; je dirai plus, tout cela n'est propre qu'à acclimater le divorce parmi nous.

Sans doute, c'est un mal que l'avocat, l'avoué, le juge doivent se démettre de leur charge, un plus grand mal que la société, n'ait plus de juges consciencieux; mais il y a un mal plus grand que tous les autres c'est que la société soit livrée, abandonnée à l'action corruptive et destructive du divorce. Là est la vraie question, qu'on ne doit jamais perdre de vue : le divorce prendra-t-il droit de cité chez nous pour étendre ses ravages jusqu'aux derniers fibres du corps social? Le moyen de l'en empêcher, ce ne sont ni les concessions, ni les atternoiements, ni les atténuations, ni les distinctions complaisantes, mais le combat, le combat toujours, le combat sans trève ni merci. Le Maître l'a dit : « Je ne suis pas venu apporter la paix, mais un glaive. » S'il apporte un glaive, c'est afin sans doute qu'il serve à la défense de la vérité et de la justice contre l'erreur et l'immoralité. »

Nous ajouterons, nous, que, en tout cas, l'intérêt privé, si intérêt il y a, (mais il n'y en a pas), doit être sacrifié à l'intérêt général, et que l'intérêt général réclame impérieusement l'unité et l'indissolubilité du mariage; qu'il y a tout à gagner en suivant la doctrine et les lois de l'Église, et qu'en les violant, il y a tout à perdre pour les États comme pour les individus. Il ne s'agit pas de servir la cause des francs-maçons et le intérêts des Juifs; mais de défendre l'Église et de sauver la France!

Mixoufet, Imp. Villiers-le-Bel.